齊乘

卷六

齋乘 卷六

齊乘卷之六

益都于欽思容纂

人物

齊記補載漢少翁晉石崇云崇父苞爲青州刺史生崇于臨淄小字齊奴夫崇貪財賈禍至死不悟今流俗之弊正坐此失苟得而不顧義務積而不務用財之所在骨肉以之而離良心由是而死崇葢守錢虜之作俑者齊自太公之後管晏諸賢聖門高弟與夫漢世大儒鄭康成諸公三國人才之冠琅邪諸葛高節葢世北海管寧此而不書顧彼之取何其謬哉至于神仙高尚之流魯連安期豈不偉歟少翁之徒罔

上被誅何足算也故曰人物非賢才不書此之謂也

抑嘗論之人才之多寡繫于教養之當否三代以學校養士迨乎春秋戰國之際賢俊不可勝用皆周之遺才也漢尚經術光武明章益崇儒學幾復三代故漢世人才之多獨不愧古窮于黨錮裂于三國名節愈厲英豪迭出皆漢之遺才也降及隋唐始以詞章取士教養之道劣于古昔人才浸微唐初惟齊州房元齡宋惟益都王曾爲齊士稱首較于兩漢則不及矣以此卜之則知教養之道不可不當其餘則各訂于後云

太公○後漢志琅邪西海縣太公呂望所出有東呂鄉

廟舊在臨淄西營丘宋碑存焉冢在縣南十里與頃公冢相近愚按檀弓曰太公封于營丘比及五世皆反葬于周註謂太公受封留爲太師死葬鎬京五世獻公以上皆從葬焉則齊無太公之墓或曰齊人思其德葬其衣冠云（路史云名涓字子牙汲人）

桓公○舊與太公同廟齊自太公爲世胙之祖桓公爲五伯之宗威王亦戰國賢主然以篡立義不敢取餘無可稱者

仲山甫○太公之後爲宣王冢宰兼太保王命築城于齊尹吉甫作烝民詩以送之

管仲○本潁上人齊相墓在臨淄南牛山之阿（見史記正義）

晏平仲○萊之夷維人故宅在臨淄小城北門即左傳近市宅也墓亦在焉

成覵○齊人謂景公曰彼丈夫也我丈夫也吾何畏彼哉可謂志士

鮑叔○墓在滕州北十五里　甯戚○墓在膠水縣西

隰朋　東郭牙　弦寧　王子成甫○新序曰管仲請于桓公以甯戚爲田官隰朋爲大行東郭牙爲諫臣王子成甫爲大司馬曰君欲治國强兵此五子足矣如欲伯王則夷吾在有司請吏公曰以告仲父又請公曰以告仲父如是者三在側曰一則仲父二則仲父易哉爲君公曰未得仲父則難已得仲父何

爲不易桓公與羣臣飲酒謂鮑叔曰姑祝寡人鮑叔奉酒起而祝曰君無忘其在莒也管仲無忘束縛從魯也甯戚無忘飯牛車下也桓公避席拜曰寡人與大夫皆無忘夫子之言社稷必不廢矣

麥丘邑人○祝桓公無得罪于羣臣百姓者

郭墟野人○謂郭公善善不能用惡惡不能去所以亡者桓公賞焉

小臣稷○桓公曰士慠爵祿者輕其主主慠霸王者輕其士吾敢慠霸王乎五往始得見稷

石他人○陳恆弑簡公不肯盟而自殺又有子淵棲者恆以勇士刼之亦不從二人並見新序

國成子高○齊大夫擇不食之地而葬見檀弓又有國昭子春秋有國書國佐皆其族也

陳文子○名須無齊大夫

齊太史○昆弟三人書崔杼弑君者左氏逸其姓名惜哉

徒人費○死襄公之難又有石之紛如孟陽皆襄公小臣亦死節

高柴○史記作鄭人家語曰齊人高氏之別族墓在沂州向子城側

公冶長○家語魯人史記齊人集註兩存之

樊遲○家語魯人史記齊人

陳亢○家語作陳人愚按檀弓亢乃齊大夫陳子車之
弟疑是齊人
梁鱣○家語齊人
步叔乘○史記齊人
公晳哀○家語齊人鄙天下多仕于大夫家者故未嘗
屈節其亦汶上之亞歟墓在般陽城北
后處○史記齊人
右八人聖門弟子
公孫丑○滕州北公村有墓
萬章○滕州南萬村有墓
右皆齊人孟子弟子餘見鄒廟從祀

滕文公○滕州有廟
蚳鼃○齊士師以孟子言諫齊王不用而去
匡章○齊人孟子禮貌之必有所取故集註云衆惡必
察可見聖賢至公至仁之心
檀子　盼子　黔夫　種首
威王臣四子將照千里見通鑑
淳于髡○齊稷下學士髡衍輩七十餘人餘不取者大
學衍義曰孔子沒異端遂作鄒衍淳于髡田駢之徒
各著書以干世主不可勝紀申不害商鞅其害尤甚
孟子所深距者惟楊墨二氏程子所謂楊墨之害甚
于申韓佛老之害甚于楊墨然則衍輩亦異端之流

旣獨知尊孟子稱之曰夫子又一日而見七人于宣王差賢于諸子敢取之或曰均異端也中韓則不闢而廢楊墨距之而熄佛老則闢而愈熾何邪葢異端至佛老而極道至後世而晦如人元氣旣衰痼疾可得療乎然闢之而不廓者其說有二夫鬼神祭祀之禮聖人所先制緣人情理明儀備迨戰國以降盟詛相持鬼神之理不明事鬼之情愈切佛氏乘之怖以死生誘以禍福凡古人之敬事鬼神齋戒禱祠報本祈福之意一歸于佛廣大包羅驅世有情信之事之此雖麤迹而勢不可廓聖賢有不動心之學世儒多務外馳于利害怵迫之餘見佛氏之堅定則灑然心

服謂道在頓省之間不知吾道自有此理體用尤精舍已耘人往往皆是此爲精微其理亦不易辯麤迹籠愚精以釣賢非復三代之治而欲決此疾猶以杯水救輿薪之火也其熾宜矣

閭丘卬○年十八求仕于宣王王曰士亦華髮墮顚而後可用子年稚未可也卬曰尺有所短寸有所長華髮墮顚與臣何異宣王用焉

香居○諫宣王爲大室者

王斗○皇甫士安高士傳齊隱士

黔婁子○齊隱士守道不詘威王師之

王蠋○臨淄畫邑人墓在愚山西

王孫賈○齊大夫奉母訓誅淖齒者

田單○臨淄人

愚按蠋以布衣死節賈以一夫討賊單之功偉矣所以勵齊人之氣未必非二子也故先之

孫武子○濰州昌邑縣北海濱有廟武孫臏齊軍師

司馬穰苴○並齊人

顏蠋○齊人晚食以當肉東坡所謂巧于貧者

子奇○齊人十八爲阿邑宰出倉廩以賑貧乏邑內大化見說苑

無鹽女○齊人姓鍾離名春宣王后

宿瘤女○齊東郭采桑女閔王后並列女傳

貫珠人○諫齊王怒田單者

太史敫○莒人君王后父敫曰女不取媒自嫁汚吾世終身不見余謂後世外戚如楊國忠之流求通房闥不遺餘力敫眞有守哉

雍門司馬○諫王建者惜逸其姓名

荀卿○少游學于齊三爲稷下祭酒避讒適楚春申君以爲蘭陵令

田文○齊靖郭君田嬰子

田橫○元和志海州東海縣北五十七里有田橫國郎

田橫島

魯仲連○齊人

安期生　東郭先生　梁石君

右三人皆齊處士見蒯通傳安期又見列仙傳云琅邪阜鄉人賣藥海邊人言千歲翁始皇賜金璧棄去不受留書報曰後千歲求我蓬萊山下○欽按神仙之說六經所無原於老子元牝抱一之論秦漢間怪迂之士設爲夸大之言以徼當世多欲之君至有封侯尚主貴震天下如文成五利之徒終以詐誅故後世談仙者率歸誕妄至紫陽朱夫子以明理盡性之學會古今諸家而折衷之以爲仙者匪難但偷生爲不可見于感興之詩又隱名而校參同至取遠遊王子之言以爲長生久視之要訣何也蓋仙者必有大

賢明睿之資精察造化純一不離如釋氏之慧定又得明師訣其火藥毫釐不差根氣清厚福如王者庶幾有成也（成謂能長久雖與天地同弊亦不能不散也）觀安期之策撼項羽魯連之輕世肆志陳希夷之不帝而隱槩乎其人下此則山林枯槁之徒嗇氣葆精差可少病以待天年冀其竊化機以出宇宙萬無一焉雖使紫陽復生亦必道還汝具一隻眼也

秦淳于越○齊人諫始皇曰今陛下有海內而子弟爲匹夫卒有田常六卿之患何以相救事不師古而能長久者非所聞也始皇下其議爲李斯所絀

茅焦○齊人諫始皇遷母者司馬溫公有言風俗天下

之大事也於茅焦亦見之矣自三代有殺身成仁之
教至于戰國習以成風義之所在蹈死如歸秦起而
力禁之誹謗者族偶語者棄市至戮諫者二十七人
而茅焦猶諫葢由當時風俗驅之見義而不見死故
也秦能因俗以治三代可及必欲峻刑變俗以自蹷
亡至于後世傷一諫臣沮一言者則天下從風而靡
亦薄俗使然也

漢四皓夏黃公○畱侯世家註云夏黃公姓崔名廣字
少通齊人

葢公○膠西人

婁敬○齊人通典曰齊俗人情變詐故高帝詈婁敬曰

齊虜以舌得官夫敬料匈奴匿兵爭利智也勸帝勿
擊忠也高祖不從致有白登之困高祖失言敬何詐
之有

叔孫通○薛人

伏生名勝○濟南人墓在朝陽故城東五里見水經

東方朔○平原人

鄒陽○齊人傳有王先生公孫玃皆齊之智士故陽曰
鄒魯守經學齊楚多辯智韓魏時有奇節而辯智者
流于詐也

轅固○齊人漢武始好儒迂仲舒疾轅固公孫達于前
張禹孔光顯于後西漢風俗不美良有以夫

嚴安○臨淄人騎馬令
終軍○濟南人諫大夫墓在臨淄南牛山之西地名終
村又歷城南九十里有終軍村
王訢○濟南人代田千秋爲丞相封宜春侯
淳于意女緹縈○臨淄人
疏廣疏受○蘭陵人
于公○子定國丞相西平侯
匡衡○東海承人御史大夫
蕭望之○蘭陵人關內侯
王吉○字子陽琅邪皐虞人貢禹同鄉史稱王陽在位
貢禹彈冠言其取舍同也然吉爲宣帝言曰欲治之

主不世出公卿遭遇其時未有建萬世之長策舉明
主于三代之隆者也其務在于期會簿書斷獄聽訟
而已此非太平之基也甚欲有所匡建與賈誼仲舒
之意同宣帝乃以爲迂禹爲元帝言曰廐馬萬匹宮
女數千園陵郡國廟皆當減毀務遵儉約元帝悉納
用其言蓋圖遠大者難爲功舉細務者俗易從二人
所見如此惡在其爲取舍同也善乎司馬溫公論曰
孝元優游不斷讒佞用權當時之大患禹不以爲言
恭謹節儉孝元之素志禹孜孜言之何哉使禹之智
不足知惡得爲賢知而不言其罪大矣余故黜禹以
爲人臣泛言塞責者之戒

諸葛豐○琅邪人司隷校尉孔明祖

田何○齊人以諸田徙杜故號杜田生守道不仕惠帝
幸其廬以受業爲易者宗見高士傳

儒林傳○易自田何後有琅邪人魯伯邴丹王横諸縣
人梁丘賀父子東萊人費直○書自伏勝後有千乘
人歐陽生子孫世學兒寛師也濟南人林尊齊人周
堪○魯詩自浮丘伯後有琅邪王扶○齊詩自轅固
後有琅邪人大司馬師丹皮容○韓嬰詩有淄川人
長孫順三詩後世皆亡毛萇詩又得鄭康成箋行于
世○大戴禮琅邪人徐良○公羊胡母生之後有琅
邪人王中公孫文東門雲筦路左咸淄川任公○穀

梁有不其人房鳳皆齊人明經而伏生諸儒已載前
論不復出焉

鄭崇○高密大族哀帝擢爲尚書僕射納用其言每見
喜曰我識鄭尚書履聲諫寵董賢浸疏之責崇曰君
門如市何以禁切主上崇對曰臣門如市臣心如水
上怒下獄死

眭宏○蕃人以明經爲議郎至符節令元鳳三年上書
被殺孝昭徵其子孟爲郎

顔安樂○薛人眭孟姊子積學至齊郡丞

母將隆○蘭陵人京兆尹執金吾王莽秉政以隆少時
不肯與交誣以罪免官徙合浦

鮑宣〇渤海人司隸以忠直爲王莽所殺妻桓少君
栗融〇禽慶〇蘇章〇薛方
　四人皆齊隱士去官不仕王莽見鮑宣傳
逢萌〇都昌人學長安王莽殺子宇萌曰三綱絕矣不
　去禍將及人卽解冠掛東都門隱勞山光武徵不起
　又有同郡徐房王君公與萌友善亦隱遯不仕君公
　儈牛自晦時人語曰避世牆東王君公或曰兩漢人
　才首葢公與逢萌豈有意乎應之曰先輩有言能令
　漢家重九鼎桐江波上一絲風又曰世祖功臣三十
　六雲臺爭似釣臺高此之謂也萌墓在北海縣西南
　營陵城中

伏湛〇琅邪東武人伏生九世孫傳經學仕至司徒淸
　靜無競東州號曰伏不鬭子隆死節兄子恭傳齊詩
王良〇蘭陵人王莽時寢疾不仕光武徵拜大司徒司
　直在位恭儉布被瓦器
衛宏〇臨沂人序毛詩訓古文尚書光武拜議郎作漢
　舊儀載西京雜事傳于世
吳良〇議郎
江革〇世稱江巨孝並臨淄人
劉寵〇東萊人號一錢太守姪劉繇漢末揚州刺史
曹褒〇薛人明慶氏禮博物識古爲儒者宗
寒朗〇薛人爲明帝辯楚獄者

侯史光○掖縣人散騎常侍與皇甫陶等持節循省風
俗還奏事稱旨遷少府卒家貧賜錢以葬
趙彥○琅邪人勸宗資發五陽郡兵從孤虛推遁甲破
徐兗羣盜
鄭康成○大司農高密人宋封高密伯
滕撫○北海劇人涿令破東南羣盜者
王望○琅邪人青州刺史擅發廪賑饑者
淳于恭○北海淳于人以孝義徵爲郎
童恢○琅邪姑幕人循吏
周璆○樂安人陳蕃傳
公沙穆○膠東人明經舉孝廉遷鄫相

承宮○琅邪姑幕人中郎將明春秋
司馬均○東萊人隱居教授誠信行乎鄉里爭曲直者
輒曰敢祝少賓乎心不直者終不敢少賓均字祝詛
也
牟融○太尉　郎顗○明京房易
周澤　甄宇○二人皆博士明公羊傳
孫嵩○五人並安丘人嵩安丘有墓
徐苗○淳于人累世相承皆以博士爲郡守
諸葛武侯○琅邪人
孫乾○北海人事昭烈爲秉忠將軍
禰衡○平原人文士才辯性多傲忽傲其儕輩而已衡

敢駡辱曹操有威武不挫之志文人相輕者愧衡多
矣
魏徵士管幼安○北海朱虛人
邴原○幼安同郡人魏丞相徵事
王烈○亦北海人漢末三人皆適遼東依公孫度以避
亂度安其賢民化其德
國淵　任嘏○竝樂安人康成弟子俱仕魏
王修○北海營陵人魏青州別駕母社日亡悲感鄰里
爲罷社
任旐○樂安博昌人黃巾賊到博昌聞旐姓名曰夙聞
任子旟天下賢士那可入其鄉

王基○東萊曲城人魏征南將軍
諸葛誕○琅邪人揚州督起兵討司馬昭不克而死
吳太史慈○東萊黃人建昌都尉孫策曰聞君爲太守
刼州章赴文舉詣元德皆有義烈天下智士也
諸葛瑾○琅邪陽都人吳豫州牧孔明族弟吳志曰葛
氏本諸人徙陽都陽都先有姓葛者故時人謂之諸
葛
徐盛○莒人吳安東將軍
是儀○營陵人吳尙書僕射
滕允○劇人吳都亭侯
晉羊祜○泰山南城人南城久廢地屬費縣祜費縣人

也上征吳策唐彬乃鄉人

司徒王導○臨沂人南史宏融曇首儉僧虔泰志筠彬皆導族

劉毅○東萊人尚書僕射謂晉武爲桓靈者

任愷○博昌人侍中

光逸○樂安人入達

解系○濟南人守正不阿爲趙王倫所殺

伏滔○安丘人太元中拜著作郎專掌國史領本州大中正子系之亦有文名

繆播○蘭陵人晉懷帝中書令掌詔命盡忠爲國爲東海王越所害朝野憤惋曰善人國之紀也而加害焉其能終乎越死贈衛尉

王尼○城陽人不拜東海王越越問之對曰公無宰相之能是以不拜

劉允○掖縣人避亂依冀州刺史邵續續欲降石勒允勸續歸晉元帝以允爲丞相參軍仕至江州刺史

王義之○司徒導從子余按晉室清談王謝不能免義之獨不爲流俗所移觀其止殷浩北伐之書對謝安登冶城語眞豪傑之士哉使其得君王謝不是多後世徒以書札掩其器識故朱子惜之

劉超○琅邪人蘇峻遷帝于石頭猶啟帝受經者

顏含○琅邪人

劉敏元○北海人忠義傳

徐邈○姑幕人儒林傳
左思○臨淄人作齊都及三都賦
石坦○劇人無居業不娶妻弔喪會葬同日共時處處
見之姚萇之亂莫知所終蓋異人也王隱晉書
秦王猛○劇人孫鎮惡宋史有傳孫憲後魏并州刺史
北海公淸身率下北史有傳九子世號九龍子晞曰
非不變作熱官但思之爛熟耳亦名言也或曰先儒
謂孟子以後人物惟有子房孔明魏晉以降張賓崔
浩皆比子房王景略則謂如諸葛數子優劣果何如
也愚曰孟子王佐之才使値炎劉之舊未必肩漢庭
功業諸公皆功名士也故以才智相方不大相遠就
其出處進退觀之則有間矣浩事暴君以殺身賓贊
羯勒以傾晉景略覗二子爲優比之諸葛則不能無
愧嗚呼天下英才不遇者多矣幸而成功不一二數
也景略之儔容可棄乎
南燕晏謨○臨淄人撰齊記晉載記曰南燕主慕容德
登營丘問謨以齊之山川丘陵賢哲舊事謨歷對詳
辨晝地成圖德深嘉之拜尚書郎德又因饗宴乘高
遠矚顧尚書魯邃曰齊魯固多君子當昔接愼巴生
淳于鄒田之徒蔭修簷臨淸沼馳朱輪佩長劍恣非
馬之雄辭奮談天之逸辯指麾則紅紫成章俛仰則
丘陵生韻至于今日荒草頹墳氣消烟滅永言千載

能不依然
元魏賈思伯○益都人弟思同俱好經史思伯仕至都官尚書謙恭下士人曰公今貴重寧能不驕思伯曰衰至便驕何常之有世以爲雅言思同仕至侍中今壽光南有墓碑
唐永○北海平壽人後魏北地良將性清廉無蓄積妻子不免飢寒二子陵瑾皆儒雅知名次子瑾字文周賜姓万紐于氏
王宏○臨沂人隱會稽釣魚采藥謝靈運顔延之並相欽重沈約宋書
王素○琅邪人隱東陽山山中有蚿蟲聲清而形醜作

賦以自況
齊任昉○博昌人博學能文
明僧紹○平原人初隱勞山弟慶符以青州刺史罷任隨歸隱江東齊太祖稱爲外臣
孟喜○蘭陵人父孟卿父子並傳禮易
臧榮緒○莒人撰東西晉紀與關康之俱隱京口時號二隱
顔見遠○琅邪人南齊御史中丞蕭衍殺齊主見遠死之子協孫之推皆知名
諸葛璩○琅邪人齊梁徵辟皆不就隱居教授妻子不見喜慍之容

梁孫謙○東莞人循吏
劉勰○東莞人撰文心雕龍
伏曼容○密州人臨海武昌太守解易詩論語老莊
隋隱士徐則○郯人隱縉雲山絶粒養性
杜松贇○北海人大業末賊攻北海執松贇使諭城降
松贇罵賊而死
張軌○臨邑人與樂安孫樹仁為莫逆交每易衣而出
以此見稱西魏恭帝時除隴右府長史卒家無餘財
惟有書數百卷
張買奴○平原人高齊太常博士北史儒林傳云買奴
經義該博門徒千餘人諸儒咸推重之尤精服氏春
秋又云自晉杜預註左氏預元孫坦坦弟驥在宋並

為青州刺史傳其家業故齊地多習之
孫益德○樂安人其母為人所害益德童幼復仇不避
魏孝文后特免之見北史孝行傳又北海王閭數世同居有百口見節義傳
荀金龍妻劉氏○平原人荀為梓潼太守疾病賊圍城
劉氏代帥將士拒戰賊奪水城中渴甚劉仰天號訴
得雨以衣服懸絞取水卒完城北史烈女傳
宋劉穆之○東莞人左僕射
臧熹○莒人兒子質守盱眙拒魏太武者
徐廣○東莞人撰晉紀

顏延之○琅邪人作五君詠
段文振○北海人諫煬帝寵突厥者
唐房元齡○齊州人墓在濟南東南采石山
秦叔寶
羅士信○竝歷城人濟南府城中有羅姑井相傳士信
故宅
段志元○臨淄人房秦段皆淩烟功臣志元孫文昌仕
至太尉文昌子成式太常少卿竝有才名
馬周○茌平人
杜伏威○章丘人大業末據淮南歸唐封太子太保兼
行臺尚書令

任敬臣○棣州人五歲喪母哀毀天至問父曰何以報
母父曰揚名顯親可也乃刻志從學舉孝廉虞世南
器其人薦爲宏文館學士終太子舍人
員半千○齊州全節人武陟尉歲旱勸令發粟賑民令
不從及令謁州半千悉發之下頼以濟刺史怒囚半
千于獄會薛元超持節度河責刺史曰君有民不能
恤使惠出一尉尚何罪釋之後仕至太子諭德封平
原郡公
或問先賢行蹟例多不載惟賑恤一事自子奇王望
半千三人皆詳書之何也對曰欽聞富鄭公不言使
遼之功至知青州活饑民五十餘萬自謂賢于中書

二十四考此豈細務哉延祐六年已未齊地大饑父子相食欽銜命賑恤濟南六縣洎雝竈饑民嘗以勸率富民出粟太多賑濟太廣見責于憲府時官僚有幸此凶歲損斗升以鬻子女舉曰過房悉輦以北欽則訪鬻子者爲贖還之乃怒曰是違例徼譽也欽憤鬱久矣無從發之故于三子之事不自知其筆之瀆也嗚呼董熠有言人微無肯信其言官小莫能行其志徵子墨卿吾誰與言歟

顔魯公○兄杲卿並琅邪人

刺史蔣欽緒○萊州人與沂州蕭至忠姻家戒至忠曰君材不患不見用患非分而求耳至忠果附太平公

主預禍

崔融○齊州人鳳閣舍人諸孫多顯宦

符令奇○臨沂人田悅反死節

張允濟○北海人循吏

顔師古○臨沂人註漢書其敍例諸家名氏有琅邪伏儼北海劉德皆漢末註班書者因附見云

王仲丘○琅邪人明禮

王希夷○滕人爲人牧羊取傭以葬親隱徂徠山元宗訪以道義授朝散大夫聽還山

郭虔瓘○歷城人右驍衛將軍兼北庭都護戰功甚多

王無競○東萊人監察御史臨朝斥宰相宗楚客傿語

左遷太子舍人

高適○渤海人諫議大夫忤權近出刺蜀年五十始爲詩即工

高沐○渤海人貞元中進士李師古辟署判官師道叛沐以誠款結天子爲師道所殺

盧惟清妻徐氏○淄州人惟清貶播州會赦徐迎惟清至荊州聞惟清死二奴將刼徐歸下江徐數其罪奴不敢逼徐倍道至播州得惟清尸還葬齊瀚高其節作詩頌之

崔信明○益都人秦川令吟楓落吳江冷者

五代王凝妻李氏○青州人斷臂者

石昂○臨淄人昂讀書好學不求仕進節度使符習高其行召爲臨淄令入朝以公事謁監軍楊彥朗贊者以彥朗家諱石更其姓曰右昂昂責彥朗曰內侍奈何以私害公昂姓石非右也彥朗大怒昂即解官去語其子曰吾本不欲仕亂世果爲刑人所辱

邊鳳○濱州人五世同居無異爨天子旌其門復其家又王陶密州人數世同居五代史孝友傳

王師範○青州人

歐陽子曰孟子謂春秋無義戰予謂五代無全臣其仕不二代者以國繫仕非一代者作雜傳夫入于雜誠君子之所羞而一代之臣未必皆可貴欽按五代

名節李氏尚矣靑州五臣惟石昂有孝節稱疾辭祿
及節度使王師範爲可取其餘皆不足貴也史稱師
範好學以忠義自許爲治有聲績朱溫圍鳳翔師範
見詔書泣曰吾屬爲帝室藩屏豈得坐視天子困辱
雖力不足當死生以之遂起兵討溫求助于楊行密
斬朱友寧于靑州及淮南兵歸力不能支遂降溫爲
其所族嗚呼師範欠兵敗一死耳原其本心非朝梁
而暮晉者故綱目特書曰平盧節度使王師範發兵
討朱全忠又曰王師範以淮南兵擊朱友寧斬之曰
討曰斬則與之之意可見矣況其處死不亂又毅然
丈夫哉汨之雜傳則其志亦可哀也已故特表而出
之

南唐韓熙載○靑社人五代之亂熙載投南唐累官至
中書侍郎多置妓妾晝夜歌舞謂僧德明曰吾爲此
行正欲避國家入相之命僧問其故熙載曰中原常
虎視于此一旦眞主出棄甲不暇吾不能爲千古笑
端初熙載之走江南也李穀送別各言所志熙載曰
江南果相我當以長驅定中原穀曰中原若相我下
江南如探囊中物穀後相周世宗定江南而熙載之
言不驗胡氏以爲熙載文士高談非穀沈毅有智略
之比是故然已使世宗唐主易地而君熙載豈無能
爲者知時不可爲而能沈晦以免禍其智亦足稱也

繫欽于劉表數欲見奇杜襲喻之而止李驤爲劉崇所殺至有吾負經濟之才乃爲愚人謀事死固有甘心之歎然則熙載其賢乎

孫晟○密州人南唐宰相周世宗征淮南唐遣晟使周晟謂其副曰吾行必不免然終不負永陵一抔土後爲世宗所殺正其衣冠南望拜曰臣以死報國乃就刑

宋傳霖○青州逸人乖崖稱曰傳先生天下士

王曾○益都人狀元丞相文正公弟皡字子融直集賢院初新舊五代史皆不與韓通立傳識者笑之皡著唐餘錄有紀志傳又博采諸家說倣裴松之三國志附註于下表韓通于忠義傳冠以宋初褒贈之典新舊史皆所不及文正嘗言曾平生之志不在溫飽皡器識若此可謂難兄難弟矣

蔡齊○萊州人狀元參政文忠公

呂夷簡○萊州人丞相文靖公六世孫伯恭號東萊先生宋會要濱州有夷簡祠公通判濱州奏不稅農器王曾知其有相業

王從善○青州人太宗雍熙二年始踰冠九經及第見長編

李之才○青州人師穆伯長傳陳希夷先天易嘗謂邵康節曰科舉之外有義理學義理之外有物理學物理之外有性命學康節曰願受教遂傳易學

麻希夢○前青州錄事參軍年九十餘居臨淄太宗以高年詔至闕詢及人間利害敷對詳明訪以養生之理對曰臣無他術惟寡情慾節聲色薄滋味詔以尚書工部郎中致仕賜金紫子景孫興國中登進士甲科孫遇其遇舒祥符中相繼第三人及第衣冠以爲盛事天下稱麻氏教子有法　孫仲英○幼有俊才七歲能詩以親亡祿不及養不復肯仕退居臨淄七里別墅博學高行鄉黨化服雖凶年盜不入其家富韓公文潞公龐莊公相繼鎮青皆致書幣薦其行義詔以爲國子四門助教州學教授東方學者咸師之亦年九十餘卒

賈先○臨淄人登進士眞宗賜名同改字希德以扶道著書爲已任著山東野錄七篇頗類孟子奏疏言丁謂造作符瑞以誣皇天以欺先帝今幸謂姦發竄逐請明告天下還寇萊公以明忠邪終以孤直不偶官止殿中丞卒門人諡曰存道先生

王樵○字肩望淄川人性超逸深于老易善擊劍有㮤世之志廬梓桐山下不交塵俗山東賈同李冠皆尊仰之咸平中契丹內寇舉族北俘累年乃歸刻木爲親葬奐山東立祠奉侍終身太守劉通詣樵踰垣遁去其後高弁知州事范諷爲通判相與就見之李冠以詩寄之曰霜臺御史新爲郡棘寺廷評繼下車首

謁梓桐王處士教風從此重詩書晚自號贅世翁豫
卜地壘石名藹室刻銘其上曰生前殺軀以虞不備
没後寄魂以備不虞後感疾卽入藹室中自掩尸乃
卒命以古劍殉葬著遊邊集二卷安邊三策說史十
篇濟南李芝爲贅世先生傳治平中淄川詩僧文幼
卽其地起祠祠樵其爲世景慕如此

劉孟節○壽光人少師种放天姿絶俗篤古好學酷嗜
山水青之南有冶原歐冶子鑄劒之地山奇水清叢
筠古木氣象幽絶孟節欲隱其間富韓公爲築室泉
上詩以餞之曰先生已歸隱山東人物空其後范文
正公文潞公皆優禮之欲薦之朝孟節懇辭少時嘗

寓龍興僧舍往往凭欄獨立懷世事手拍欄干吁唏
太息有詩曰讀書悞我四十年幾回醉把欄干拍見
司馬溫公詩話

張荷○壽光人師事种放與吳遁魏野楊朴宋澥爲友
性高潔爲文奇澁著過非九篇放謂隋唐以來綴文
之士罕能及之終以連蹇不遇卒有詩文三卷見澠
水燕談

蘇丕○青州人祖德祥建隆四年狀元丕有高行少時
一試禮部不中拂衣去居洱水之濱五十年不踐城
市歐陽文忠公鎭青言于朝賜號沖退處士年八十
餘卒

周起○鄒平人母感吉夢而生父異之謂必大其門因
名曰起第進士通判齊州召直史館眞宗東封羣臣
多獻文頌起獨上書言天下之勢患于安逸而忽于
兢業眞宗嘉之拜諫議大夫終樞密副使
劉庭式○齊州人蘇軾知密州庭式爲通判初庭式未
遇時約取鄉人之女及第後女喪明庭式卒娶之女
死喪之踰年而哀不衰因不復娶軾問曰哀生愛愛
生色君愛何從生哀何從出庭式曰吾知喪吾妻而
已若緣色生愛緣愛生哀色衰愛弛吾哀亦忘則凡
揚袂倚市目挑而心招者皆可以爲妻邪軾深感其
言庭式後監太平觀老于廬山絕粒不食而面目奕

奕有光步峻坂如飛以壽終
姜遵○淄川人初舉進士爲蓬萊尉以擊搏知名天聖
七年拜樞密副使卒贈吏部侍郎
明鎬○密州人參知政事與文彥博同時
李常○字公擇登州人知齊州齊多盜常得黠盜刺爲
兵置麾下詢知弭盜之術姦無所容嘗爲富鄭公客
李師中榜其閭曰遺直坊東坡有詩
燕肅○字穆之青州人龍圖閣待制知審刑院請讞諸
路究獄有不當者釋其罪自是全活者衆肅有巧思
嘗造指南車記里鼓及攲器蓮花漏世服其精
趙師民○字周翰臨淄人九歲能文第進士官至龍圖

閣直學士子彥若哲宗時翰林學士紹聖初章惇以
彥若與修神宗實錄貶死

李覺○字仲明益都人舉九經起家知泗州遷禮記博
士

賀元○琅邪人真宗東封謁于道左曰晉水部員外郎
賀元再拜東坡記詩云舊聞父老晉郎官已作飛騰
變化看聞道東蒙有居處願供薪水看燒丹蓋仙人
也

雪竇禪○居琅邪山身被布衫五十年不易向鄭林嘗
爲青州雪竇布衫偈云趙州無義漢雪竇老婆禪一
川風雨後明月卻當天

周流○字子真益都人累官至樞密直學士安撫使溫
公銘其墓云光昔通判并州事公于河東銘曰古之
君子德盛道尊望之儼然卽之也溫公正衣冠嚴不
可干施之于政乃仁乃寬吏畏而俊民思弗諼款銘
垂美以告後昆碑今在益都城南駝山下

異人徐問真○濰州人與歐陽文忠善一日求去甚力
歐公留之不可曰我友罪我與公卿遊公使人送之
果有鐵冠丈夫長八尺餘俟于道周以瓢覆酒于掌
中以飲提笥童子遣回不知所往童子徑發狂亦莫
知所終嘗教歐公引氣愈其足疾東坡試之亦驗

于燾○字彭年壽光人博學能文頗喜言兵慶歷中元

吴數寇邊北虜乘釁聚兵求關南地丞相呂文靖公召彭年計之彭年云宜治西北行宮若將親征者以壓其謀乃以大名府爲北都二虜果請盟仁宗春秋高皇嗣未立登州岠嵎山數震彭年上疏曰岠嵎極東方殆東朝未建人心搖動之象宜早定儲以安天下齊宜爲節度逮英宗入繼乃由齊邸人以先識稱之

張藴○淄川人咸平中契丹入寇淄川城壘不完刺史欲棄城奔南山藴時爲郡兵馬監押按劍曰刺史若出吾當斬以徇卒完城後爲環州馬嶺鎮監押雖處窮塞猶建孔子祠刻石爲記范文正公書其碑陰以美之其後子孫皆以文學才行登侍從云

呂頤浩○齊州人南渡丞相忠穆公

内翰綦崈禮○高密人徙濰州北海故人稱北海先生崈禮隨高宗南渡掌王言凡下詔旨讀者感動時議以爲中興之功非特將士宣力詔令亦有助焉如陸宣公之在奉天也見重如此以忤秦檜位不進翰林侍讀袁伯長云北海子孫見寓四明爲衣冠名族

辛幼安○濟南人宋名臣言行錄黜稼軒不取朱文公稱曰稼軒帥湖南賑濟榜祇用八字雖只麤法便見他有才況其忠英之氣見于辭翰者不一嘗言曰讎虜六十年後必滅虜滅而宋之憂方大其識如此宋

人既以傖荒遇之而不柄用中原又止以詞人目之
爲可惜也故識之（宋實錄載幼安贊韓侂胄用兵侂胄敗幼安獲罪于士論非也稼軒豪傑之士枕戈待旦有志于中原久矣宋人舉國聽之豈無所成侂胄之敗正陳同父所謂真虎不用真鼠任用之所致以此議公可乎）

金劉迎○東萊人太子司經有文集號山林長語章宗
詔國學刊行

周馳○濟南人在太學以策論魁天下貞祐濟南破不
肯降攜二孫赴井死

張行簡○莒州日照人詞賦第一人及第仕至翰林學
士承旨備于禮文之學典貢舉三十年門生遍天下
弟行中亦進士仕至參知政事言虎賊必反抗權臣

高琪爲士論所稱（右四人並見中州集）

李國維○淄川人進士歷符離葉二縣合著清名蚤年
鄰家有窖銀者兵後無人國維掩而不發（見楊素菴事言補）

楊宏道○字叔能淄川人金末補父廕不就與元遺山
劉京叔楊煥然輩皆以詩鳴大爲趙閑閑諸公所稱
避亂走襄漢宋人辟爲唐州司戶兼文學不久復棄
去晚寓益都嘗一見李璮議不合爲用事者所嫉浮
沉閭里以詩文自娛著小亨集事言補等書行于世
延祐三年贈文節

齊乘卷六

益都楊峒書巖校

齊乘卷六考證

太公

後漢志琅邪西海縣太公呂望所出有東呂鄉○按續漢志無此文乃劉昭注引博物記耳

仲山甫

太公之後○按通志氏族略樊氏姬姓周太王之子虞仲支孫仲山甫爲周宣王卿士食采于樊曰樊侯因邑命氏則仲山甫非齊人今于氏誤作太公之後豈以大雅烝民有王命徂齊之事因附會尙父苗裔邪當削去不載

鮑叔甯戚隰朋東郭牙弦寧王子成甫

新序曰管仲請于桓公以甯戚爲田官隰朋爲大行東郭牙爲諫臣王子成甫爲大司馬曰君欲治國强兵此五子足矣○按新序管仲曰決獄折中不誣無罪不殺無辜則臣不若弦寧請置以爲大理諫臣下脫去弦寧爲大理一句不符五子之數韓非子作弦商說苑又作弦章

高柴

史記作鄭人○按史記仲尼弟子傳不言子羔何許人集解引鄭康成曰衛人此云鄭人誤隋書經籍志有鄭氏論語孔子弟子目錄一卷

樊遲

史記齊人○鄭康成曰齊人誤作史記

步叔乘

史記齊人○亦鄭康成云后處下放此○廣韻作少叔

乘

檀子盼子黔夫種首

威王臣四子見通鑑○按此見史記田齊世家而近引通鑑非是韓詩外傳亦載此事作齊宣王

香居

呂氏春秋作春居

王斗

皇甫士安高士傳齊隱士○按王斗見戰國策

王蠋

說苑作歜水經注同

顏蠋

戰國策作觸或作歜

無鹽女宿瘤女

按人物一門自宜稍加條別男女錯列殊覺非體

安期生

見蒯通傳○按蒯通傳作安其生

後千歲求我蓬萊山下○按列仙傳云後數年求我于蓬萊山

漢四皓夏黃公

留侯世家注云云○按此見司馬貞索隱

伏生名勝

名勝二字當在圖下

墓在朝陽故城東五里○此據寰宇記鄒平志云伏生墓在縣東北十八里按水經注漯水又東北逕東朝陽縣故城南又東逕漢徵君伏生墓南又東逕鄒平縣故城北又東北逕東鄒城北是伏生墓在朝陽城東鄒平城西漢東朝陽故城在今章邱縣北而鄒平城元和志寰宇記諸書皆不言所在齊乘第四卷鄒平故城在今縣西南乃唐初置縣之地本寰宇記非漢縣城也今考鄒平縣志漢梁鄒城在縣北四十里孫家鎮按齊東縣界濟南府志同　又濟南府志齊東縣東

南有梁鄒鄉漢梁鄒城地葢卽鄒平之誤耳後魏書地形志東平原郡臨濟下有鄒平城建信今本誤城建信作新建信亦水經注漯水所逕廢縣在高苑故狄城西北五十里而東鄒在今青城縣界則鄒平城在齊東縣境無疑伏生墓酈注敘于鄒平故城西而今墓處其東南非古漯水所逕矣原其致誤之由葢以伏生濟南人今墓西隋開皇中嘗置濟南縣因附會徵君邱壟不知其與水經注違異也當以寰宇記在朝陽城東五里者爲是

鄒長倩

遺公孫宏書○按此見西京雜記字句小異者倍緘而

爲紀倍紀而爲緵倍緵而爲繸本書無二而字猗歟盛
哉本書作猗嗟盛歟
次卿宏字漢書弗載○按史記公孫宏字季
公孫宏
菑川人路史淄州南四十里大薛山宏生處○史記平
津侯傳公孫宏齊菑川國薛縣人也漢書刪去齊字
云菑川薛人也今按地理志菑川國故齊文帝十八
年別爲國縣三劇東安平樓鄉而薛縣自屬魯國中
隔泰山濟南齊郡不與菑川接壤平津傳云宏少時
爲薛獄吏又云菑川國復推上宏二者必有一誤儒
林傳謂薛人公孫宏亦徵則宏實非菑川人矣集解引徐

廣曰薛縣在菑川誤戰國時薛爲齊地故汲黯以宏爲齊人而
漢初縣屬魯國故叔孫通薛人請徵魯諸生弟子共
起朝儀也路史以淄州大薛山爲宏生處不知宋淄
州所治之淄川縣隋開皇十八年改名隋志舊曰貝邱本漢
般陽縣屬濟南郡與菑川國治劇縣者無涉而妄以
大薛山附會平津之爲薛人豈非踵史漢之誤而轉
益失之哉
于公
于公東海郯人圈下應增入四字
匡衡
御史大夫○衡官至丞相封樂安侯非終于御史大夫

者

王吉

貢禹爲元帝言曰廄馬萬匹宮女數千園陵郡國廟皆當滅毀務遵儉約○按漢書貢禹傳載禹奏大略請減乘輿服御器物悉遣後宮及諸陵園女亡子者損廄馬廢苑囿及請寬口賦罷鑄錢省衛卒免奴婢禁近臣私販賣除犯法贖罪入穀補吏之法其指歸于儉約至欲罷郡國廟定漢宗廟迭毀之禮則韋元成傳明以爲不應古禮宜正定非敢以省費議宗廟也此條與禹前奏混而一之又以滅毀爲文豈當時所宜言乎

田何

以諸田徙杜○杜下漢書有陵字

儒林傳

琅邪人王橫○漢書作璜此從後漢書○按儒林傳所載齊經師殊不止此于氏自云已載前論者不復出而漏略實多今爲補之于左傳易者東武孫虞王同淄川楊何齊服生即墨成衡咸莒衡胡蘭陵毋將永東海白光殷嘉齊乘有沂嶧二州漢東海郡治郯縣故稱郡人者亦當載入從于公定國例之傳書者濟南張生琅邪殷崇齊炔欽膠東庸生傳詩者魯詩有蘭陵繆生齊詩有琅邪伏理韓詩有東海髮福傳禮者郯后蒼傳公羊春秋者蘭陵褚大後

漢書儒林傳書有千乘歐陽歆歐陽生和伯七世孫臨濟牟長

濟南徐巡詩有平原高詡皆于氏所不載也

眭宏

孝昭徵其子孟爲郎○按漢書眭宏字孟孝宣帝即位

徵孟子爲郎今于氏以孟爲其子之名又譌宣作昭

乖舛甚矣

逄萌

同郡徐房王君公○按後漢書逸民傳君公平原人

伏湛

仕至司徒○當作大司徒按續漢書百官志建武二十

七年去大湛爲大司徒在三年

王良

光武徵拜大司徒司直○按良本傳建武三年徵拜諫

議大夫六年代宣秉爲大司徒司直司直非初徵官

也又按良習小夏侯尚書見儒林傳于氏不言亦疎

衛宏

臨沂人○後漢書云東海人不言何縣

劉寵

姪劉繇漢末揚州刺史○按姪者對姑之稱不得施于

世叔父當改作弟子

侯史光

按光晉武帝時人當在劉毅任愷之次而雜入漢代非

是

趙彥

從孤虛○後漢書方術傳作從孤擊虛此脫去擊字

滕撫

涿令破東南羣盜者○按後漢書撫破羣盜時爲九江都尉拜中郎將歷官終左馮翊今于氏但云爲涿令何也

公沙穆

明經舉孝廉遷鄃相○按後漢書方術傳穆舉孝廉以高第爲主事遷繒相今不言爲主事則遷字上無所承矣又按本傳穆官至遼東屬國都尉亦非終于繒相也鄃兩漢書並作繒

牟融

融習大夏侯尚書見儒林傳

徐苗

按苗見晉書儒林傳不當次孫嵩後

王烈

亦北海人○按後漢書獨行傳烈太原人

王修

魏青州別駕○按三國志修爲青州別駕乃袁氏所辟不當以魏繫之

諸葛瑾

孔明族弟○按子瑜武侯之兄而以爲弟誤甚又瑾之
子亮非諸葛誕之比亦不得稱族也

滕允

吳都亭侯○按三國志允官至太常加衛將軍

伏滔

安邱人○按世說新語王中郎令伏元度習鑿齒論青
楚人物劉孝標注引滔集載其論略曰滔以春秋時
鮑叔管仲隰朋召忽輪扁甯戚麥邱人逢丑父晏嬰
涓子戰國時公羊高孟子鄒衍田單荀卿鄒奭莒大
夫田子方檀子魯連淳于髡盼子田光顏歜黔子於
陵仲子王叔即墨大夫前漢時伏徵君終軍東郭先

生叔孫通萬石君東方朔安期先生後漢時大司徒
伏三老江革逢萌禽慶承幼子徐防薛方鄭康成周
孟玉劉祖榮臨孝存侍其元矩孫賓碩劉仲謀劉公
山王儀伯郎宗禰正平劉成國魏時管幼安邴根矩
華子魚徐偉長任昭先伏高陽此皆青士有才德者
也元度此文有關齊地人物故具載之以禆于氏之
闕

石坦

王隱晉書○按隱書久亡于氏何從引之若見他書亦
當言某書引也今晉書隱逸傳作石垣

秦王猛

孫鎮惡宋史有傳○當作宋書

孫憲北史有傳九子世號九龍子睎曰非不愛作熱官但思之爛熟耳亦名言也○按北史王憲傳憲孫雲有九子睎其一也于氏以曾孫爲子誤矣又按孝昭之篡睎實預謀此二語者寧足取乎

元魏賈思伯

益都人弟思同今壽光南有墓碑○按元魏益都縣治今壽光北王胡城後齊始移治東陽思同魏之益都人故壽光南有墓金石錄曰思同與其兄思伯後魏書皆有傳云青州當作齊郡益都人今其墓乃在壽光縣德夫蓋未達于此也

王宏

臨沂人○宋書隱逸傳作王宏之

王素

琅邪人○按素與王宏之並琅邪臨沂人而于氏一書縣一書郡他類此者非一皆其體例之參差也

齊任昉

按昉歷仕齊梁不得專以齊目之

明僧紹

初隱勞山○齊書高逸傳作嶗山南史同弟慶符以青州刺史罷任隨歸隱江東○齊書及南史並云隨歸住江乘攝山

孟喜

父孟卿○按孟卿父子西漢經師應次田何之後而雜入南北朝舛矣于氏紀人物既非論時世又不分郡縣故紛錯如此

臧榮緒

撰東西晉紀○當作晉書

伏曼容

密州人臨海武昌太守○按梁書儒林傳曼容平昌安邱人時無密州之名（密州舊曰膠州隋開皇五年改名）又按本傳曼容歷仕宋齊梁爲南海武昌臨海三郡太守

張買奴

高齊太常博士○按後齊書及北史竝作太學博士

孫益德

魏孝文后特免之○按北史孝行傳云孝文文明太后以其幼而孝決又不逃罪特免之蓋孝文時祖母馮太后稱制也于氏妄省其文曰孝文后不可通矣

臧壽

兄子質○按質壽弟子

徐廣

東莞人○按廣兄子豁在宋書良吏傳姊子何承天東海郯人于氏皆失載齊乘人物一門遺漏甚多不可勝補姑舉一隅以證其疏云○劉穆之臧壽徐廣顏

延之四人皆在晉宋間而雜入隋代非是

任敬臣

五歲喪母哀毀天至問父曰何以報母○按新唐書孝友傳問父上有七歲二字不可刪蓋五歲兒纔知哀慕未必解圖報也

顏魯公

兄杲卿○按杲卿與魯公同五世祖但曰兄則無以别于同父者矣且人物例皆書名而諸葛武侯顏魯公之類忽稱爵謚亦一異也

王希夷

授朝散大夫○新唐書云拜國子博士

高適

諫議大夫出刺蜀○按適官至西川節度使終刑部侍郎

石昂

節度使符習高其行召爲臨淄令入朝以公事謁監軍楊彥朗○按五代史記一行傳昂仕晉至宗正少卿又按本傳云習入朝京師監軍楊彥朗知留後事昂以公事至府上謁蓋昂爲臨淄令有事當詣平盧節度而符習入朝楊以監軍爲留後故至府謁彥朗也今于入朝上省一習字又不言彥朗知留後事則是昂自入朝謁監軍于京師非事理矣

南唐韓熙載

青社人。按宋史南唐世家熙載濰州北海人唐末北海縣猶屬青州濰州宋乾德三年置而于氏文其名曰青社則當時州縣皆無此稱以史法論之爲失體矣宋史李之才傳亦曰青社人非史例也

王曾

弟皥字子融直集賢院。按子融後因元昊反以字爲名更字熙仲官至兵部侍郎

麻希夢

孫仲英退居臨淄七里別墅。按王聖涂澠水燕談錄仲英退居臨淄辨士里別墅刻本士或譌作七于氏遂云七里別墅誤矣

富韓公文潞公龐莊公相繼鎮青。按潞公未嘗鎮青此因與富龐連文而誤燕談錄云富韓公文潞公皆嘗致書幣龐莊公出鎮遣其子奉書召至府中禮之極厚薦其行義于朝

賈先

眞宗賜名同改字希德。按宋史儒林傳賈同初名罔字公疎眞宗命改今名是同未嘗名先于氏蓋因燕談錄稱臨淄賈先生疎未及卒讀遽以先爲同初名耳前輩言隆萬閒人讀書不看首尾殆如此類希德宋史作希得

劉孟節

按澠水燕談錄孟節名槩于氏不著其名非是

姜遵

淄川人○按宋史遵淄州長山人川淄州字之誤遵酷吏嘗毁漢唐碑營浮屠此第一殺風景事其人無足取也

天聖七年拜樞密副使○按宰輔表在天聖六年三月

李常

字公擇登州人○宋史李公擇南康建昌人卽蘇子瞻爲作李氏山房藏書記者非登州人而于氏謂與富公客李常爲一人按蘇集遺直坊詩有云歲月曾幾何客主皆九原是當時李常已亡而子瞻自常州赴登過廣陵公擇送之竹西亭下則其非一人審矣査愼行曰同時有兩李常一字公擇建昌人一則登州人歐陽公集有讀張李二生文贈石先生詩云先生三十年居魯能使魯人皆好學其閒張續與李常剖琢珉石得天璞則李常不獨爲富公客亦徂徠之高弟也今按登州人不得稱魯歐公或槩言之否則又一李常亦不可知

于壽

壽光人○按燕談錄壽以富弼丁度薦爲武學教授故呂相召與計事今于氏不言爲何官非是壽官至太子中舍人

逮英宗入繼乃由齊邸人以先識稱之○按燕談錄齊

邸下云遂爲興德軍此見齊爲節度之言驗也不當删去

張藴

淄川人。按宋史張掞傳齊州歷城人父藴咸平初監淄州兵掞兄揆傳云其先范陽人後徙齊州是藴歷城人官于淄州于氏以爲淄川人誤

其後子孫皆以文學才行登侍從云。按燕談錄云其子揆掞以文學才行有名于世皆登侍從蓋貫之兄弟並爲龍圖閣直學士也揆字貫之掞字文裕今没其二子之名而泛言其後子孫則未聞藴孫有登侍從者于氏引書删改失當多類此

綦崈禮

以忤秦檜位不進。按崈禮以草秦檜罷相詞爲所憾及檜再相崈禮已卒于台州此云忤檜故位不進未得其實

張行簡

弟行中。按金史張行信先名行忠避莊獻太子諱改爲莊獻太子名守忠宣宗長子今作中或傳寫之誤

楊宏道

延祐三年贈文節。贈當作謚

附釋音考證釋音多遺漏不可勝補今但舉正其誤

卷一

莞古桓切又胡官切草可作席○按沿革下言晉東莞郡屬徐州當云古桓切漢有東莞縣晉爲郡乃泛訓作草殊可笑也

突宊去忝○按黃山下言渴馬崖水伏流爲趵突泉止存突字云他骨切足矣不必旁徵義訓兼載古文也

○又按陸氏經典釋文先後悉順本書次第便于檢尋而齊乘釋音率多倒亂失序爲不可解

卷二

䄙音崩○䄙在庚部崩在登部不得借音當作補盲切

涑速搜二音○水名止應音速又按涑有先侯切之音而搜音以所鳩切爲正亦恐混入正齒

卷三

啇音滴今作商○按商河隋唐書皆从水作滴音義與商同刻本或誤作滴小于遂讀商爲滴謬矣

蓨音挑○按蓨與條通當音徒聊切

盻音兮○按高唐縣下言齊威王使盻子所治盻音匹莧切其字从目今小于改从日音兮則史記本無作盻者且與第六卷盻子之音自相矛盾矣卷六盻从目匹諫切

卷四

圮音披上聲○當作部鄙切

斟灌斟姓灌名○按杜解左傳斟灌斟尋二國夏同姓諸侯則二斟皆姒姓國此云斟姓灌名非是

羿音義○當音詣

鄑音進○釋文子斯反集韻乃有晉音

虺音毀○當音卉

㡉音弦萊州布名○按說文㡉布出東萊漢志東萊有㡉縣或縣以布得名或布以地著號皆不可知而齊乘之載㡉城則于布名無涉也當改云東萊縣名

唁音硯○硯四等字當音彥乃同居三等

斮音酌○當作側略切酌三等字斮二等也

胙音助○當音祚

葢音闔○當音閤

盾音遁○當作徒損切遁字亦有上聲而以去聲爲正

恐滋疑混

卷五

毅音義○當作魚既切

隳音輝○當作許規切

禰音宜上聲○當作泥上聲

逄音龐○當作逄逄俗别字不見說文

湫音啾○按湫隘之湫當音勦

仆音付○當音赴敷位字音付則入非位下矣

徼音邀○當作古堯切音叫平聲

毄瀝音古力○力當作歷

跕都牒切○當作他協切訓爲墮落者乃音都牒切

卷六

詛音與咀同○當作莊助切

怵音出○當音黜

穰音常○當作汝陽切讓平聲音常大謬

嗇音塞○當音色

倩七性切○當作倉甸切

芻音樞○當作窗隅切樞三等字不得借音

裒音裒○裒褒字之譌褒即裒之俗別字也當改正

弘音與宏同○按字書無弘字今于王導下已改作宏

囑音祝○當音燭

豎音聚○當音署上聲

釋音

卷一　　男濳述

沿音緣 礐音酷 析音錫 括古活切 莿實側切虞夏諸侯也 峴胡典切山小而險又曰嶺

上平與現同 莞古桓切又胡官切草可作蓆 辟音璧 要去聲 干寶搜神記是其撰作于

非 分去聲 殖音實 洓音述水名 菑音緇 澥音時 貕音奚 朐音劬 酈道元音歷

註水經者 公玉帶濟南人公玉姓帶名玉一音璩 闓馨激切訟也 頷音頷 葷粥與獯

鬻同 蚌步項切 沐載沐音木姓也 劇巨戟切 鸑鷟音岳濯 峱奴刀切山名

鬐音耆 衖音巷 ⿰山包音包 黄能奈平聲三足鼈也或作熊 壇音坦李全之子也 不期

音基 勒音仍 斥充夜切 罘音浮 蜃音慎 艘音騷 鹺才何切鹽也 峆⿰山盧音合閭

蹲音存 窪音蛙 澠音繩 窖音教 趵音豹 突宊他骨切方言江湘謂卒相見曰突一曰出

貌 𠫓㐬説文不順忽出也从到子易云突如其來如孝子突出不容於內也或从到古文子即易

突字也今俗書作㐬非 駛使去聲疾也

卷二

龍且子余切項羽將也 淀音甸 彨音而 澅胡卦切水名 禪去聲 黚陬音鉗鄒

洱音米 直固當作沽 匯音潰 漸平聲 祊音崩 涑速搜二音 圯音移橋也 承音澄

又去聲 般音盤 濼音粕 弇音掩 茌仕之切 殺去聲

卷三

嶷岳力切小兒有知也 并去聲 杼音佇 颿與帆同 鄆音運 員音運 伷音宙 睿音銳

費音祕 嶧音亦 郚慈陵切 僑音橋 鬲音隔 郳音倪 蕤儒錐切 浞仕角切 昦

音僦 疃吐管切 輓音晚 嵎音愚 食其音異基人名 商音滴今作商 蓨音挑縣名

周亞夫所封 漯音塔 卬音昂 盼音分 瑗音院 圮音披上聲壞也 漚於候切 著音詩

卷四

元文元姓文名 兗音坤人名 駢音便平聲人名 奭音釋人名 慎到慎姓到名 環淵
環姓淵名 鄺音攜 斟灌斟姓灌名 羿音義 澆倪弔切浞子即冡也之 璠音繁 瓚才贊
切 贛古暗切 驂音參 掤蒲經切 鄑音進 郚午姑切 郯音談 虺音毀蝮蛇也又
人名 杳達合切 鯀音昆上聲 殛音棘 炔音桂人名 𢄼音茲萊州布名 唁音硯 磾音低
權音角 釁許慎切 閒去聲 斮音酌 胙音助 蓋音闔 殪於計切死也 苛音何 酺
音蒲 蝝音緣蝗蟲子也 顓臾音專俞 皡音昊 盾音遁 韙音韋上聲 貺音況

卷五

楷口駭切楷書也木名又音皆 毅音義 勣音積 甍音盲 隳音輝廢也 輅音路 琛丑林
切 搏音博 猸音眉 禰音宜上聲 叵音頗 蒯苦怪切 釁許慎切 說音稅 嗾音膝
使犬聲也 逄音龐 湫音啾 郠音梗 頡胡結切 迭徒結切 隗五罪切 鬻音育 嵩

音崧 闓音凱 仆音付 徼音邀 狙千余切 殺攊音古力 舃音昔 夸音誇 雋徂兗
切 攷音考 漬音恣 跕都牒切跕屧也 躧所倚切舞履也 輻音福 湊千候切 賈音古
悋與吝同 聃他甘切 珥音耳

卷六

俑音勇 謬米幼切 纂作管切集也 勝平聲 錮音固 鎬音浩 頍庾頭切 覸音間
去聲 隰音習人姓 辟音避 鱣張連切 蚳鼃音池蛙 盼匹諫切 鞅音央上聲 詛
音與咀同 怵音出 熾昌志切 詘音屈 蠋音燭 賈音假 淖音鬧 臏音賓去聲 穰音常
苴七余切 敫音皎 衷音中又音衆 嗇音塞 絀音出 蹙音促 倩七性切 芻音樞
撲普木切 穟音遂 鑷音聶 緎音域 緵七公切 竅詰弔切 緹音提 縈娟營切
舍上聲 眭音綏 儈音檜 裦音褒 郱音丙 瑕音假 旐音兆 弘音與宏同 曇音潭 矚
音祝 璩音渠 勰音協 贇紆倫切 絞音交上聲 爨音竄 抔蒲侯切 褒博毛切 墅

卷四

[illegible]

卷五

[illegible]

齊□釋音

二

卷六

[illegible]

音聚贅音綴种音蟲讞音言上聲當去聲諼音萱崈音崇其㑹鈕庚切琪音其

後序

冶音野調去聲撙音尊上聲奉與俸同稟與廩同鏤音漏

昔我先人爲國子助教每謂潛曰吾日與諸生講習所業暇則又與翰苑諸名公唱和詩章詩乃陶冶性情而已若夫有關于當世有益于後人者宜著述以彰顯焉吾生長于齊齊之山川分野城邑地土之宜人物之秀此疆彼界不可不纂而紀之也迨任中書兵部侍郎奉命山東于是周覽原隰詢諸鄉老考之水經地記歷代沿革門分類別爲書凡六卷名之曰齊乘藏于家屬潛曰吾或身先朝露汝其刻之先人既卒常切切在念第以選調南臺又入西廣匆匆未遑遂志茲幸居官兩浙始克撙節奉稟命工鏤板以廣其傳以光先德叅政伯修先生已詳序于前矣有仕于齊者願一覽焉至正十一年辛卯秋七月奉訓大夫兩浙都轉運鹽使司副使男潛泣血謹識

先君子自早歲研究史書尤留意于志表凡職官氏族地理之學靡不該貫知益都十年嘗歎縣志疎陋未遑改修間語同志以爲齊之地記自伏琛晏謨而下傳者蓋寡于思容齊乘六卷多采用太平寰宇記雖有譌脫差爲近古適欲校授梓人而桂林胡公移守登州議以克合乃取舊刻共加讎勘別爲考證附于每卷之後草創未就而先君子疾革以屬門下士楊君書巖峒參訂卒業胡公寓書商確往復踰時而後成公旣序其首簡矣慶承謹述先君子遺指綴于卷末且以志公之表章往籍成人之美古誼爲可感也乾隆辛丑暮秋棘人周慶承泣書

《齊乘》影印說明

地方志簡稱「方志」，即按一定體例，全面記載某一時期某一地域的自然、社會、政治、經濟、文化等方面情況的書籍文獻。尤其是古籍地方志，無論記人、記事、記物都不脫離本鄉本土，事事緊扣地方。地方志記載的範圍雖限於一個區域，但其內容卻極為廣泛。從縱的角度看，既記古又記今；從橫的角度看，既記自然、地理，又述政治、經濟、軍事、文化，還記社會風土人情、人物。它不僅是有關自然科學的「博物之書」，而且是一地社會科學的「一方之全書」。在現代，地方志被譽為「地方百科全書」。依照傳統的說法，地方志具有「資治、教化、存史」三大功能。在今天看來，一部好的方志不僅具有保存地方文獻、幫助政府決策的功能，而且還具有充當鄉土教材、提供科研資料的重要作用，其重要性越來越明顯。

因此，自古以來，中華民族就有編纂地方志的優良傳統。宋明以來，不僅省、府、州、縣代代有志，甚至名山、大河、塔陵、寺廟也纂修有專志。歷代積聚、流傳下來的地方志，是我國數量浩瀚的傳統地方文獻的重要組成部分，同時也是歷代學者整理地方文獻的重大成果。現存歷史資料，很大一部分是通過地方志得以保存和流傳下來的。

《齊乘》是目前已知我國最早取「乘」為名的方志，它因襲先秦晉國史書《晉乘》而來。該志專記三齊輿地，所記以當時山東東西道所轄益都、般陽、濟南三路並德州為主，並附古代曾為齊邑的高唐、禹城、長清、聊城、東阿、陽穀、臨邑、齊東等縣。

《齊乘》六卷，分門別類記載沿革、分野、山川、郡邑、古跡、亭館、風土、人物等八門。書前有至元五年（一三三九）時任江北淮東道肅政廉訪使蘇天爵序，末附有于潛所作的跋、釋音一卷。該書為研究宋元時期的山東歷史提供了豐富的史料。由於該書具有體例井然有序，內容取材豐富，敍述言簡意賅，結構縝密和考核嚴謹等特點，故而《四庫全書總目》稱讚它「敍述簡核而淹貫，地志中之有古法者」。更為重要的是，于欽本為齊人，又仕于齊地，滿懷鄉土熱情，諳熟鄉土掌故，因此四庫館臣認為該志「援據經史，考證見聞，較他地志之但據輿圖憑空言以論斷者，實為詳確可信，故向來推為善本」。但該志不載戶口、賦役、學校等內容，是為缺憾。

對濟南來說，《齊乘》最大的功績就在於：一是給我們提供了金元時期濟南小清河與大清河聯運的情況；二是完整地將早已亡佚的金代在濟南民間所竪立的《名泉碑》內容原封不動地記錄在書中「大明湖」條下，並一一注出各泉在元時的所在地；三是對濟南泉水的情狀、流布作了極為概括而生動的描述。自從有了金人《名泉碑》，自此才產生了濟南「七十二泉」之說，而《名泉碑》上的內容之所以流傳至今，則有賴於《齊乘》的記述文字。濟南泉水稱譽天下，「七十二泉」名聞遐邇，《齊乘》之功流傳千古。

于欽（一二八四—一三三三），字思容，益都（今山東青州）人，官至兵部侍郎。延祐六年（一三一九），他奉旨賑恤山東饑民，後又任益都田賦總管。于欽感于山東一帶多兵難，志書多不存，便於任職山東期間，周覽原隰，詢諸鄉老，考之水經、地記、歷代沿革，分門別類，為書凡六卷，名之曰《齊乘》。書成後，藏於家中。至正十一年（一三五一）由其子于潛刊刻。

濟南市圖書館和濟南出版社為了保存稀有古籍的原貌，對《齊乘》採用仿真影印的再造方式重印再版。既能將這一善本古籍化身千百，永無失傳之虞，又可廣泛傳播，便於披覽研讀，從而達到「繼絕存真，傳本揚學」的目的，解決了古籍善本藏與用的矛盾。

濟南市圖書館　濟南出版社

二〇一六年三月

圖書在版編目 (CIP) 數據

齊乘 / （元）于欽撰. -- 濟南 : 濟南出版社,
2016.3
ISBN 978-7-5488-2028-4

Ⅰ. ①齊… Ⅱ. ①于… Ⅲ. ①山東省－地方志 Ⅳ.
①K295.2

中國版本圖書館 CIP 數據核字 (2016) 第 047973 號

齊乘

〔元〕于欽／撰

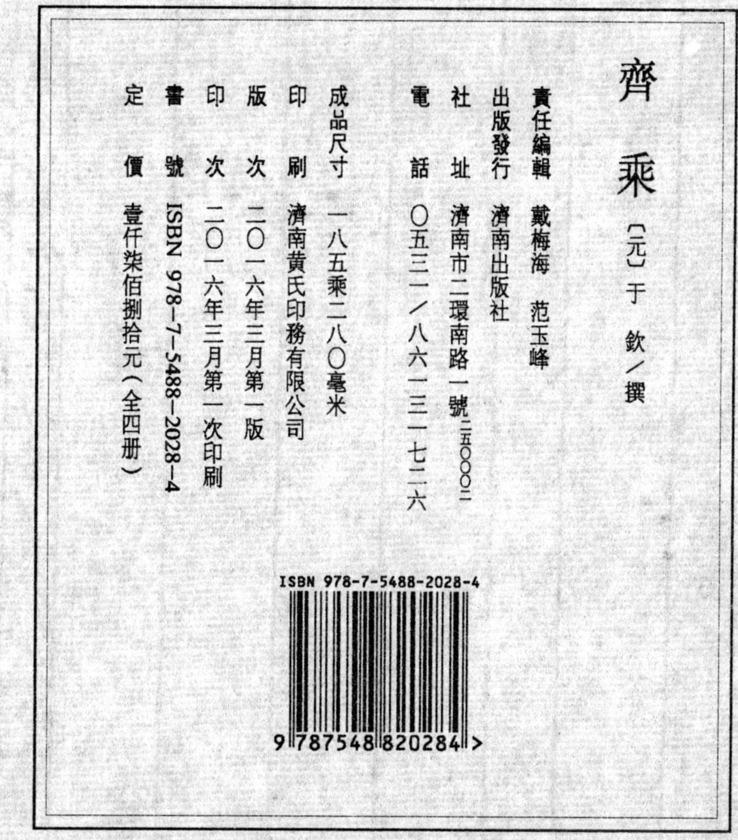

責任編輯　戴梅海　范玉峰
出版發行　濟南出版社
社　　址　濟南市二環南路一號二五〇〇〇二
電　　話　〇五三一／八六一三一七二一六
成品尺寸　一八五乘二八〇毫米
印　　刷　濟南黃氏印務有限公司
版　　次　二〇一六年三月第一版
印　　次　二〇一六年三月第一次印刷
書　　號　ISBN 978-7-5488-2028-4
定　　價　壹仟柒佰捌拾元（全四冊）

ISBN 978-7-5488-2028-4
9 787548 820284 >